Learn German
Short Stories
by O. Henry

Improve Your Vocabulary the Fun and Easy Way

Englisches Original: O. Henry

Deutsche Adaption und Übungen: Ekaterina Klaer

German Edition

Table of Contents

INTRODUCTION

Extensive reading in a foreign language is one of the most effective and fascinating ways for you to improve skills and expand your vocabulary. It is not essential to understand every word that you are reading. You can understand much from the context and thus find out what happens next.

The main purpose of this book is to help you in the process of acquiring vocabulary and also to support communicative skills by retelling the stories to your friends. All the words and phrases have been translated according to the context in which they appear.

This book gives you a great opportunity to read American classic literature in German language. It is primarily oriented towards English speakers who are learning German (A2-B2 level). But it also suits for German children of a school age or school students who are beginning to read classic literature because the stories are especially adapted for learners.

The vocabulary that you can consciously extract from each story will be ultimately stored in your long-term memory.

As you go on reading, you will find common idiomatic expressions.

This book is a collection of five captivating stories by the American author O. Henry with educational purpose (civil name William Sydney Porter). It is easy to read and gives the audience a feeling of progress and much pleasure.

The book includes short adapted stories with special support and items for understanding:

- Vocabulary lists to help you to understand new words easier: This refers to phrases which have been previously highlighted in bold. You can find them at the end of each page with English translation.
- Comprehension and vocabulary questions after each story to test your understanding and to encourage you to read in more detail.
- Exercises for practicing spoken German.

The grammatic structures of sentences used in the stories are easy to understand. All complexities are avoided in this book.

All stories by O. Henry Stories are written quite simply in this book and are always ending with a nice lesson. The stories kindly encourage reflections about our everyday actions and our life.

These amusing short stories will prove to be a great source for improving your German and you will have much pleasure by reading!

MÄDCHEN

Auf der Scheibe der Tür zu Büro Nr. 962 stand in goldenen Lettern: „Robbins & Hartley, Makler". Es war nach fünf und die Angestellten waren schon weg. Zwei Partner – Robbins und Hartley **wollten auch schon das Büro verlassen**. Robbins war fünfzig; Hartley war neunundzwanzig Jahre alt, ernsthaft, hager, gutaussehend und wirkte nervös.

...wollten auch schon das Büro verlassen – **...were going to leave the office, too**

Ein geheimnisvoller Mann kam zur Tür herein und ging zu Hartley.

„Ich habe herausgefunden, wo sie wohnt," **verkündete** er im Flüsterton.

Mit einem kalten Blick **brachte Hartley ihn zum Schweigen.** Als Robbins seinen Mantel anzog, den Hut aufsetzte und das Bürogebäude verließ, sagte der Detektiv:

„Das ist die Adresse," sagte der Mann und gab Hartley einen Zettel.

Hartley nahm das Blatt, das **der Schnüffler** aus seinem schmutzigen Notizbuch herausgerissen hatte. Mit Bleistift geschrieben stand darauf „Vivienne Arlington, Nr. 341 East Tenth Street."

„Vor einer Woche ist sie dorthin gezogen," sagte der Detektiv. „Wenn Sie noch mehr über sie wissen

---

verkünden – to report

...brachte Hartley ihn zum Schweigen – Hartley made a sign of silence to him

der Schnüffler - sleuth

möchten, Mr. Hartley, dann kann ich das auch übernehmen. Es wird Sie nur sieben Dollar pro Tag kosten. Ich kann Ihnen täglich einen schriftlichen Bericht schicken, über…"

„Nicht nötig," unterbrach ihn der Makler. „Das ist nicht nötig. Ich wollte nur die Adresse haben. **Wieviel bin ich Ihnen schuldig?**"

„**Einen Tagessatz,**" sagte der Schnüffler. „Zehn Dollar sind genug."

Hartley bezahlte und ließ ihn gehen. Dann verließ er das Büro und fuhr zu der Adresse, die ihm der Detektiv gegeben hat. Nach etwa einer Stunde erreichte er den Ort. Es war eine heruntergekommene Straße.

Er ging einige Blocks weit und gelangte zu dem Haus, das er suchte. Es war ein neues Mietshaus mit günstigen Wohnungen.

Wieviel bin ich Ihnen schuldig? – How much shall I pay you?

einen Tagessatz – one day's rate

Hartley trat ein und stieg die Stufen hinauf. Im vierten Stock sah er Vivienne in der offenen Tür stehen. Mit einem Nicken und einem strahlenden, aufrichtigen Lächeln bat sie ihn herein. Sie rückte für ihn einen Stuhl ans Fenster und wartete.

Hartley **musterte sie schnell mit einem prüfenden, freundlichen Blick,** bevor er zu reden anfing. Er sagte sich, dass sein Geschmack bei dieser Wahl **einwandfrei** gewesen war.

Vivienne war ungefähr einundzwanzig Jahre alt. Sie gehörte zum reinsten angelsächsischen Typ. Ihr Haar war von einem rötlichen Blond. Ihre Augen waren tiefblau.

Sie trug eine weiße Bluse und einen dunklen Rock – jene **dezente** Kleidung, die jeder Frau gutsteht, arm oder reich.

...musterte sie schnell mit einem prüfenden, freundlichen Blick - ...gave her quickly a scrutinising, friendly look

einwandfrei – faultless

dezente - discreet

„Vivienne," sagte Hartley und sah sie flehend an, „Sie haben meinen letzten Brief nicht beantwortet. Ich musste fast eine Woche nach Ihnen suchen lassen, bis ich herausgefunden hatte, wo Sie hingezogen sind.

Warum haben sie mich so im Ungewissen gelassen? Sie wussten doch, wie sehr ich darauf gewartet habe, Sie zu treffen und etwas von Ihnen zu hören."

Das Mädchen sah verträumt zum Fenster hinaus.

„Mr. Hartley," sagte sie zögernd, „Ich weiß nicht, was ich Ihnen sagen soll. Ich weiß, Ihr Angebot ist sehr verlockend, und ich glaube, ich könnte bei Ihnen glücklich sein. Aber dann kommen mir wieder Zweifel. Ich bin ein geborenes Stadtkind und **ich scheue mich davor, mich an das stille Landleben zu binden.**"

Warum haben sie mich so im Ungewissen gelassen –
Why did you not tell me right away?

ich scheue mich davor, mich an das stille Landleben zu binden. – I am reluctant to tie myself to the quiet country life.

„Mein liebes Kind," sagte Hartley leidenschaftlich, „habe ich Ihnen denn nicht gesagt, dass Sie alles haben werden, **was Ihr Herz begehrt** und was in meiner Macht steht, Ihnen zu geben? Sie können so oft Sie wollen in die Stadt ins Theater gehen, zum Einkaufen oder um Ihre Freunde zu besuchen. Sie vertrauen mir doch, oder?"

„Voll und ganz," sagte sie und richtete ihre offenen Augen mit einem Lächeln auf ihn. „Ich weiß, Sie sind der freundlichste Mensch, den man sich denken kann, und dass das Mädchen, das sie einmal bekommt, glücklich werden wird. Ich erfuhr alles über Sie, als ich bei den Montgomerys war."

„Ah!" rief Hartley mit einem zärtlichen, nostalgischen **Leuchten in den Augen**. „Ich erinnere mich gut an den Abend, als ich Sie das erste Mal bei den Montgomerys sah. Mrs. Montgomery **schwärmte** mir den ganzen Abend von Ihnen **vor**.

---

was Ihr Herz begehrt – what your heart desires

Leuchten in den Augen – glowing eyes

vorschwärmen – to slobber over

Dieses Abendessen werde ich nie vergessen. Kommen Sie, Vivienne, versprechen Sie es mir. Ich will Sie haben. **Sie werden es nie bereuen, zu mir gekommen zu sein.**

Niemand wird Ihnen jemals ein so angenehmes Zuhause bieten."

Das Mädchen seufzte und blickte auf ihre gefalteten Hände nieder.

Ein plötzlicher, **eifersüchtiger Argwohn ergriff** Hartley.

„Sagen Sie mir, Vivienne," fragte er, sie scharf anblickend, „gibt es einen anderen? **Ist da noch jemand?"**

Das Mädchen wurde rot und antwortete schnell:

––––––––––––––––––––

Sie werden es nie bereuen, zu mir gekommen zu sein – You will never be sorry for coming to me.

...eifersüchtiger Argwohn ergriff – ...jealous suspicion took

Ist da noch jemand? – Is there someone else?

„Das sollten Sie nicht fragen, Mr. Hartley. Aber ich will es Ihnen sagen. Es gibt einen anderen – aber er hat keine Rechte – ich habe ihm nichts versprochen."

„Sein Name?" verlangte Hartley streng.

„Townsend."

„Rafford Townsend!" rief Hartley. „Wo haben Sie diesen Mann kennengelernt? Nach allem, was ich für ihn getan habe. Wie konnte er!"

„Sein Auto ist gerade vorgefahren," sagte Vivienne, sich aus dem Fenster beugend. „Er kommt, um die Antwort zu bekommen. Oh, ich weiß nicht, was ich machen soll!"

Es klingelte. Vivienne elite zur Tür, um diese aufzumachen.

„Bleiben Sie hier," sagte Hartley. „Ich werde draußen mit ihm sprechen."

Townsend war erstaunt Hartley zu sehen.

„Geh wieder," sagte Hartley bestimmt und zeigte die Treppe hinunter.

„Hallo!" sagte Townsend und tat überrascht. „Was ist los? Was machst du denn hier, alter Knabe?"

„Geh wieder," wiederholte Hartley **unnachgiebig**. **„Das Gesetz des Dschungels**. Sie ist meine."

„Ich bin hier, um sie **geschäftlich** zu sehen," sagte Townsend wacker.

„Erzähl mir keine Lügen," sagte Hartley. „Und jetzt hau ab."

Verärgert stieg Townsend wieder die Treppe hinunter. Hartley kehrte zu dem Mädchen zurück.

„Vivienne," sagte er herrisch. „Ich muss Sie haben. Hören Sie auf, mit mir zu spielen!

„Wann wollen Sie mich haben."

---

unnachgiebig – relentless

Das Gesetz des Dschungels - The Law of the Jungle

geschäftlich - on business

Erzähl mir keine Lügen. – Don't lie to me.

„Jetzt. Sobald Sie sich fertig machen können."

Sie stand ganz ruhig vor ihm und blickte ihm in die Augen.

„Denken Sie auch nur einen Moment," sagte sie, „dass ich Ihr Haus betreten werde, solange Helen da ist?"

Hartley **zuckte zusammen** wie unter einem unerwarteten Schlag. Mit verschränkten Armen schritt er ein oder zwei Mal im Zimmer auf und ab.

„Wann werden Sie es tun?" fragte das Mädchen.

„Sie wird gehen," erklärte er **grimmig**. „**Sie macht mein Leben zur Hölle.** Seit ich sie kenne, gab's noch keinen Tag ohne Ärger. Sie haben Recht, Vivienne. Helen muss weg, bevor ich Sie ins Haus nehmen kann. Sie wird gehen. Das habe ich gerade beschlossen. Ich werde sie entlassen."

---

zuckte zusammen – cringed

grimmig – grimly

Sie macht mein Leben zur Hölle. – She is making my life miserable.

„Heute Abend," sagte er bestimmt. „Ich werde sie noch heute Abend entlassen."

„Dann," sagte Vivienne, „ist meine Antwort ‚ja'. Sie können mich abholen, wann Sie wollen."

Sie sah ihm in die Augen mit einem süßen, aufrichtigen Leuchten in ihren eigenen. Hartley konnte kaum glauben, **dass sie ihren Widerstand tatsächlich aufgegeben hatte**. Ihre Kapitulation kam so schnell und vollständig.

„Versprechen Sie es mir," sagte er, „**auf Ehre und Gewissen**."

„Auf Ehre und Gewissen," wiederholte Vivienne sanft.

An der Tür drehte er sich noch einmal um und blickte sie glücklich an.

„Morgen," sagte er.

...dass sie ihren Widerstand tatsächlich aufgegeben hatte – ...that she had really given up her resistance

auf Ehre und Gewissen – on your word of honor

„Morgen," wiederholte sie mit einem ehrlichen, aufrichtigen Lächeln.

Eine Stunde und vierzig Minuten brauchte Hartley, um in sein Landhaus zu kommen. Die Tür öffnete eine junge Frau und küsste ihn, als er reinkam.

„Mama ist da," sagte sie. „Sie kam zum Abendessen, aber es gibt kein Abendessen."

„Ich muss dir etwas sagen," sagte Hartley. Es gibt einige Neuigkeiten."

Er beugte sich hinunter und flüsterte ihr etwas ins Ohr.

Seine Frau schrie auf. Ihre Mutter kam in die Diele gestürzt. Seine Frau schrie noch einmal auf – das war der glückliche **Aufschrei**.

„Oh, Mama!" rief sie, „was glaubst du? Vivienne kommt als Köchin zu uns! Das ist die, die ein ganzes Jahr bei den Montgomerys war. Ich bin so glücklich. Und jetzt Billy, Liebster, musst du in die

---

der Aufschrei – scream

Küche hinuntergehen und Helen **feuern**. Sie war schon wieder den ganzen Tag **betrunken**.“

---

feuern – to send away

betrunken - drunk

ÜBUNGEN

Leseverstehen

1. Beantworten Sie folgende Fragen.

1. Wie viele Personen gibt es in dieser Geschichte?
2. Wie heißen sie und was machen sie beruflich?
3. Wo finden die Ereignisse statt?
4. Wie alt sind die Hauptfiguren?
5. Wie sieht Vivienne aus?
6. Wer hat sie gesucht und warum?
7. Wie hat er Vivienne gefunden?
8. Wie lange hat Hartley sie gesucht?
9. Wie hat Vivienne ihn empfangen?
10. Was wollte Hartley von ihr?
11. Ist Vivienne glücklich über sein Angebot?
12. Wer unterbricht ihr Gespräch?
13. Wie reagiert Hartley auf den Besuch?
14. Was verspricht Vivienne Hartley?
15. Was verspricht Hartley Vivienne?
16. Wo wohnt Hartley?
17. Wie lange fährt man zu ihm?
18. Wer empfängt Hartley zu Hause und wie?

2. Sind die Aussagen richtig oder falsch? Korrigieren Sie die falschen.

1. Robbins und Hartley arbeiteten als Detektive.
2. Hartley verließ sein Büro früher, um das Mädchen zu suchen.
3. Er brauchte viel Zeit, um das Mädchen zu finden.
4. Sie wohnte in einem neuen Mietshaus mit ziemlich teuren Wohnungen.
5. Das Mädchen war glücklich, Hartley zu sehen.
6. Sie war wie ein Model angezogen und war sehr attraktiv.
7. Hartley hat dem Mädchen ein Angebot gemacht auf dem Lande zu wohnen.
8. Sie war ein Dorfmädchen und das Angebot hat ihr gefallen.
9. Hartley und Vivienne haben einander bei Freunden kennengelernt.
10. Viviennes Freund hat ihr Gespräch mit Hartley unterbrochen.
11. Hartley war sehr grob mit ihm.
12. Hartley versprach Vivienne Helen zu entlassen.

13. Vivienne war sehr froh über sein Versprechen.
14. Hartley ist nicht verheiratet.
15. Zu Hause wurde Hartley von seiner Mutter empfangen.

3. Ordnen Sie die Sätze in die richtige Reihenfolge zu.

1. Vivienne empfängt Hartley an der Tür.
2. Der Detektiv gibt ihm einen Zettel.
3. Hartley ist allein im Büro.
4. Hartley fragt Vivienne bei ihm im Landhaus zu wohnen.
5. Ihr Gespräch wird unterbrochen.
6. Hartley verspricht, Helen zu entlassen.
7. Hartley kommt in sein Landhaus.
8. Hartley bezahlt den Detektiv.
9. Hartley findet den Ort, wo das Mädchen wohnt.
10. Vivienne weiß nicht, was sie machen soll.
11. Vivienne gibt eine positive Antwort.

4. Was können Sie über folgende Personen erzählen:

- Hartley
- Robbins
- Detektive
- Vivienne
- Helen
- Townsend
- Hartley's Frau
- Mutter

Wortschatz-und Grammatikübungen

1.Was bedeuten die Wörter in Kursivschrift?

1. *Der Schnüffler* gab Hartley ein Blatt Papier.
2. Robbins und Hartley waren *Makler.*
3. Sie gehörte zum reinsten *angelsächsischen Typ.*
4. Sie macht mein Leben *zur Hölle.*
5. Ich werde sie *entlassen.*
6. Seine Frau *schrie* auf – das war der glückliche *Aufschrei.*

2. Finden Sie die Wörter, deren Bedeutungen ähnlich sind.

1. feuern	a. der Schnüffler
2. wollen	b. rot werden
3. das Angebot	c. kommen
4. der Detektiv	d. brauchen
5. erröten	e. wieder da sein
6. zurückkehren	f. die Information
7. der Bericht	g. sagen
8. gelangen	h. entlassen
9. weggehen	i. abreisen
10. verkünden	j. der Vorschlag

3. Ergänzen Sie die Sätze und wählen Sie die richtige Verbform.

Vorgefahren, zur Hölle, bereuen, flüstern, Augenbrauen, Widerstand, musterte

1. Sie werden es nie …………… zu mir gekommen zu sein.
2. Hartley …………… sie schnell mit einem prüfenden, freundlichen Blick.

3. Sie macht mein Leben ....
4. Er beugte sich hinunter und .... ihr etwas ins Ohr.
5. Hartley konnte kaum glauben, dass sie ihren .... tatsächlich aufgegeben hatte.
6. Sein Auto ist gerade ....

SPRECHEN

1. Erzählen Sie:

1. warum brauchte Hartley einen Detektiv.
2. warum hat Helen Hartleys letzten Brief nicht beantwortet.
3. warum hatte Vivienne Angst auf dem Land zu wohnen.
4. warum ist Townsend zu Vivienne gekommen.
5. warum ist Townsend verärgert weggegangen.
6. warum hat Hartley Vivienne verspochen Helen zu entlassen.
7. warum war Hartleys Frau über die Neuigkeiten glücklich.

2. Finden Sie die passenden Stellen in der Geschichte. Beweisen Sie folgende Punkte.

1. Hartley ist ein junger Mann und mag Abenteuer.
2. Vivienne ist ein schönes Mädchen.
3. Vivienne ist nicht reich.
4. Hartley ist ziemlich reich.
5. Hartley kann streng zu den Menschen sein.

3. Äußern Sie bitte Ihre Meinung:

1. Welche Personen in der Geschichte gefallen Ihnen (gefallen Ihnen nicht)?
2. Warum ist Helene oft betrunken?
3. Wird Vivienne glücklich im Landhaus von Hartley sein? Begründen Sie Ihre Meinung.

HEXENBROT

Miss Martha Meacham hatte eine kleine Backstube. Sie war weder reich noch arm. Sie hatte zweitausend Dollar auf der Bank angespart.

Miss Martha war vierzig Jahre alt. Sie hatte ein gutes Herz und nur zwei ihrer Zähne waren unecht. Sie war nicht verheiratet, obwohl sie sich das immer gewünscht hatte.

Zwei- oder dreimal in der Woche kam ein Kunde zu ihr, um Brot zu kaufen. Es war **ein Mann mittleren Alters** mit Bart. Er trug eine Brille.

Hexenbrot – Witcher's loaves

ein Mann mittleren Alters – a middle-aged man

Bald hat Miss Martha angefangen, **sich für ihn zu interessieren**. Er sprach Englisch mit einem starken deutschen Akzent. Seine Kleidung war alt, aber sauber und **er hatte gute Manieren**.

Er kaufte immer zwei Laibe **altbackenes Brot**. Das kostete fünf Cent. Frisches Brot kostete doppelt so viel. Der Kunde kaufte niemals frisches Brot.

Einmal sah Miss Martha rote und braune Flecken auf seinen Händen. Sie war sich sicher, dass er **ein Künstler** war und sehr arm. Sie war auch sicher, daß er in einem kalten Zimmer wohnte, wo er seine Bilder malte. Er aß **altbackenes Brot** und dachte an schöne Sachen, die in Miss Marthas Backstube verkauft wurden. Wenn sie sich zum Abendessen setzte oder **Tee und Konfitüre genoß**, dachte sie gewöhnlich an den armen Künstler mit guten

---

sich für ihn zu interessieren – to take an interest in him

er hatte gute Manieren – he had good manners

altbackenes Brot – stale bread

ein Künstler - an artist

...Tee und Konfitüre genoß – ...enjoyed tea and jam

Manieren. Er tat ihr leid. Sie wollte alle ihre Sachen, die sie hatte, mit diesem **wohlgesitteten** Mann teilen.

Ich habe Ihnen schon erzählt, dass Miss Martha ein gutes Herz hatte.

An einem Tag brachte sie aus ihrem Zimmer ein Bild, das sie schon vor vielen Jahren gekauft hatte. Sie hoffte, dieses Bild würde ihr helfen festzustellen, ob der Mann wirklich ein Künstler war.

Das Bild zeigte **eine venezianische Szene**. Man konnte einen schönen Palast, Gondeln, junge Damen, den Mond und die Sterne sehen. Sie hängte das Bild so an die Wand der Backstube, dass der Künstler das bemerken musste.

Es vergingen zwei Tage. Der Kunde kam, um Brot zu kaufen.

„Zwei Laibe altbackenes Brot, bitte!"

---

wohlgesittet – well-mannered

eine venezianische Szene – a Venetian scene

„Sie haben ein schönes Bild, Madam," sagte er, während er das Brot von ihr nahm.

Miss Martha war sehr glücklich, diese Worte zu hören.

„**Eigentlich** ..." sagte er. „Der Palast ist nicht so gut. Die Perspektive ist nicht **echt**. Auf Wiedersehen, Madam." Er nahm sein Brot und ging hinaus.

Ja, er müsste Künstler sein! Miss Martha war jetzt sicher darüber. Sie brachte das Bild zurück in ihr Zimmer. Wie freundlich **glänzten** seine Augen hinter der Brille! Wie klug er war!

Er sah die Perspektive sofort. Und **er ist gezwungen nur altbackenes Brot zu essen**! Aber Künstler müssen oft **kämpfen bevor sie berühmt werden**.

---

eigentlich – well

echt – true

glänzten – shined

...**er ist gezwungen nur altbackenes Brot zu essen** – ...he has to eat stale bread only

...**kämpfen bevor sie berühmt werden** – ...to struggle before they become famous

Sie wollte ihm **irgendwie helfen!** Sie wollte für ihn **den Haushalt führen,** mit ihm alle schönen Sachen, die sie in der Backstube hatte, teilen. Sie war sogar bereit, ihre zweitausend Dollar mit ihm zu teilen!

Die Zeit verging. Manchmal sprach er für einige Minuten mit ihr. Er kaufte nur altbackenes Brot wie früher. Niemals nahm er einen Kuchen oder einen Laib frischen Brotes.

Sie dachte, er begann dünner auszusehen. Für sie war klar: Er aß nicht genug, **er hungerte.**

Wie sehr wünschte sie sich, dass sie zum altbackenen Brot, das er aß, **etwas Gutes hinzufügen** könnte. Aber sie wusste, arme Künstler waren stolz. Und sie hatte Angst, **ihn sauer zu machen.**

---

irgendwie helfen – to be of some help

den Haushalt führen – to do the housekeeping

er hungerte - he was starving

...etwas Gutes hinzufügen – ...to add something nice

ihn sauer zu machen – to make him angry

Miss Martha begann, ihr neues Kleid in der Backstube zu tragen. Sie kaufte auch eine Gesichtscreme, um ihr Gesicht ein bisschen schöner zu machen.

An einem Tag kam der Kunde wie gewöhnlich und fragte nach dem altbackenen Brot. Während Miss Martha es vom Regal holte, ertönte die Sirene des Feuerwehrautos.

Der Kunde rannte zur Tür, um zu gucken. Plötzlich kam Miss Martha auf **eine gescheite Idee**. Auf einem der Regale lag ein Pfund Butter, das sie am Morgen gekauft hatte. Mit ihrem Brotmesser machte Miss Martha einen tiefen Schnitt in jeden Laib altbackenes Brot. Dann legte sie schnell ein großes Stück Butter in jeden Schnitt hinein und drückte die Laibe wieder zusammen.

Als der Kunde von der Tür zurückkam, **wickelte** sie die Laibe ins Papier **ein.**

Wie gewöhnlich sagte er einige nette Worte zu ihr und ging fort.

---

eine gescheite Idee – a bright idea

wickelte ein – wrapped

Nachdem er gegangen war, **lächelte Miss Martha in sich hinein.** Aber sie war nicht sicher. Hatte sie das Recht so was zu machen?

Wer weiß? **Künstler haben ihren Stolz.** Würde er wütend auf sie werden?

Dennoch, je mehr sie darüber nachdachte, desto sicherer war sie sich, dass der Kunde nicht wütend würde.

Sehr lange dachte sie an ihn: Jetzt kommt er nach Hause und setzt sich zu seinem Abendessen mit altbackenem Brot und Wasser... Jetzt schneidet er in den Laib Brot ... aah!

Miss Martha **errötete.** Wird er an die Hand denken, die die Butter ins Brot legte?

Würde er ihr von Herzen danken?

...lächelte in sich hinein – ...smiled to herself

Künstler haben ihren Stolz. – Artists have their pride.

Dennoch, je mehr sie darüber nachdachte, desto sicherer war sie sich – Still, the more she thought about it the more certain she was

errötete – blushed

Plötzlich **klingelte die Haustürglocke laut**. Jemand kam herein und machte viel Lärm.

Miss Martha eilte zur Tür. Dort waren zwei Männer. Einer war ein junger Mann, er rauchte **eine Pfeife**. Sie hatte ihn niemals früher gesehen. Der andere war ihr Künstler.

Sein Gesicht war sehr rot. **Sein Hut war auf dem Kopf nach hinten gerutscht.** Seine Augen blickten wütend auf sie. Er erhob seine Fäuste und ballte sie vor Marthas Gesicht.

„Dummkopf!" schrie er sehr laut und wütend. Dann „Tausend Donner!"

Der junge Mann versuchte ihn zurück zu ziehen.

„Ich gehe nicht", schrie der Künstler, „Ich will ihr alles sagen!"

...klingelte die Haustürglocke laut- ... the front door bell rang loudly

eine Pfeife – a pipe

Sein Hut war auf dem Kopf nach hinten gerutscht - His hat was on the back of his head

„Sie haben alles zerstört," schrie er, „Ich will Ihnen sagen. Sie waren **eine LÄSTIGE ALTE KATZE!"**

Miss Martha war still. Sie konnte kein Wort sagen. Sie legte ihren Arm auf ihr Herz.

Der junge Mann nahm den Künstler am Arm.

„Lass uns gehen," sagte er. „Du hast zu viel gesagt." Er **zerrte** den wütenden Künstler auf die Straße. Dann kehrte er in die Backstube zurück.

„Ich möchte Ihnen alles erklären," sagte er. „Dieser Mann heißt Blumberger. Er ist **Bauzeichner.** Ich arbeite im gleichen Büro mit ihm.

Er brauchte drei Monate, um einen Plan für ein Gebäude zu zeichnen. Das war für **einen Wettbewerb.** Deswegen hat er hart daran gearbeitet. Sie müssen wissen, Zeichner machen ihre Zeichnungen immer zuerst mit Bleistift.

---

eine lästige alte Katze – a meddlesome old cat

zerrte – dragged

der Bauzeichner – architectural draftsman

der Wettbewerb – a prize competition

Danach färbte er die Linien ein. Damit war er gestern fertig geworden.

Nun **radiert er die Bleistiftlinien mit altbackenem Brot aus.** Das ist besser als Radiergummi.

Blumberger kaufte das altbackene Brot immer hier. Heute versuchte er, die Bleistiftlinien seines Planes mit dem Brot auszuradieren… Sie wissen wohl, dass Butter nicht gut fürs Papier ist… Sie müssen verstehen, dass sein Plan jetzt nur **als Papier für Sandwiches benutzt werden kann."**

Miss Martha ging ich in Zimmer. Sie zog ihr neues Kleid aus. Sie zog ein altes braunes an, das sie schon früher trug. Dann warf sie die Gesichtscreme auf die Straße hinaus.

…radiert er die Bleistiftlinien mit altbackenem Brot aus – **…he rubs away the pencil lines with stale bread.**

…als Papier für Sandwiches benutzt werden kann – **…can now be used only as paper for sandwiches**

ÜBUNGEN

Leseverstehen

1. Beantworten Sie folgende Fragen.

1. Wie viele Personen werden in dieser Geschichte erwähnt?
2. Wie heißen sie und was machen sie beruflich?
3. Was für eine Frau war Miss Martha?
4. Was für ein Mann war der Kunde?
5. Was kaufte der Kunde immer?
6. Was bezahlte er dafür?
7. Wofür brauchte er das?
8. Was erschien Frau Martha ungewöhnlich an ihm?
9. Warum tat der Kunde ihr leid?
10. Welche Aktion unternahm sie?
11. Wie fühlte sich Frau Martha nachdem sie das gemacht hatte?
12. Welche Auswirkung hatte das auf den Kunden?
13. Welche Auswirkung hatte das auf Martha?
14. Wer versuchte die Situation zu erklären?
15. Wie endet die Geschichte?

2. Sind die Aussagen richtig oder falsch? Korrigieren Sie die falschen.

1. Miss Martha hatte eine große Bäckerei.
2. Miss Martha war verheiratet.
3. Ein Kunde interessierte sich für sie.
4. Der Kunde hatte gute Manieren.
5. Er kaufte immer Brot in Marthas Backstube.
6. An einem Tag brachte der Kunde ein Bild eines italienischen Malers zu Martha.
7. Sein Benehmen sagte Martha, dass er Künstler war.
8. Martha legte ein bisschen Butter ins Brot hinein.
9. Martha war sicher, dass sie alles richtig gemacht hatte.
10. Der Kunde brachte einen jungen Mann zur Unterstützung, weil er selbst schüchtern war, um sich bei Miss Martha zu bedanken.
11. Der junge Mann erklärte die Situation.
12. Der Kunde hatte gehofft, den Wettbewerb zu gewinnen.
13. Miss Martha gab die Idee mit der Heirat auf.

3. Ordnen Sie die Sätze in die richtige Reihenfolge.

1. Miss Martha dachte, er sei ein armer Künstler.

2. Sie war bereit, alles was sie hatte mit ihm zu teilen.

3. Sie war fast sicher, dass der Künstler sich bei ihr im Herzen bedanken würde.

4. Der junge Mann zog den wütenden Künstler auf die Straße hinaus.

5. Der junge Mann erklärte die Situation.

6. Miss Martha war schockiert, seine gehobenen Fäuste vor ihrem Gesicht zu sehen.

7. Miss Martha realisierte, dass sie alles kaputt gemacht hatte.

8. In einem passenden Moment legte Miss Martha ein Stück Butter in sein Brot.

9. Sie hatte Interesse an einem ihrer Kunden.

10. Miss Martha hatte ein gutes Herz, eine kleine Backstube und zweitausend Dollar bei der Bank.

4. Erzählen Sie, was Sie wissen über:

- Miss Martha
- Mr. Blumberger
- den jungen Mann

Wortschatz- und Grammatikübungen

1. Was bedeuten die Wörter in Kursivschrift?

1. Zwei ihrer Zähne waren *unecht*.
2. Er kaufte gewöhnlich zwei Laiben *altbackenen* Brotes.
3. Sie sah rote und braune *Flecken* auf seinen Händen.
4. Miss Martha wollte mit ihm alle guten Sachen *teilen*, die sie hatte.
5. Sie *wickelte* die Laiben Brot ins Papier *ein*.
6. Er erhob seine *Fäuste* und ballte sie vor ihrem Gesicht.
7. Er *zog* den wütenden Mann *hinaus* auf die Straße.
8. Er beendete *das Einfärben* der Linien.
9. *Bauzeichner* machen ihre Zeichnungen immer zuerst mit Bleistift.

2. Beenden Sie die Sätze.

1. Sie brachte das Bild in ihre Backstube, um ...
2. Sie wollte für den Künstler etwas Gutes machen, deswegen ...
3. Der Bauzeichner arbeitete hart an seinem Plan, damit ...
4. Der junge Mann zog Mr. Blumberger am Arm hinaus auf die Straße, damit...

Sprechen

1. Erzählen Sie:

1. Warum interessierte sich Miss Martha für einen Mann, der in ihrer Bäckerei altbackenes Brot kaufte?
2. Warum war sie sich sicher, dass der Kunde ein armer Künstler war?
3. Warum hängte sie das Bild an die Wand der Backstube auf?
4. Warum begann sie, ein neues Kleid zu tragen und kaufte sich eine Gesichtscreme?
5. Warum legte sie Butter in seine altbackenen Brote hinein?

6. Warum merkte der Kunde nicht, was sie getan hatte?

7. Warum war Miss Martha sicher, dass der Kunde nicht auf sie wütend würde?

8. Warum kehrte der Kunde zurück und hat viel Lärm gemacht?

9. Warum kam der Kunde in Begleitung eines jungen Mannes?

10. Warum war der Kunde wütend?

11. Warum kaufte der Kunde nur altbackenes Brot?

12. Warum zog Miss Martha wieder ein altes Kleid an und warf ihre Gesichtscreme aus dem Fenster hinaus?

2. Beweisen Sie folgende Punkte.

1. Miss Martha war eher reich als arm.

2. Mr. Blumberger war zu beschäftigt, um Marthas neues Kleid zu bemerken.

3. Miss Martha hatte ein gutes Herz.

4. Miss Martha könnte eine gute Ehefrau sein.

5. Mr. Blumberger war zu wütend, um an seine Manieren zu denken.

6. Miss Martha wollte Gutes tun, als sie Butter ins Brot hineingetan hatte.

7. Miss Marthas Herz war gebrochen.

3. Finden Sie Information im Text und ergänzen Sie sie:

1. Miss Martha war nicht jung.
2. Ein Mann mittleren Alters kaufte immer Brot in ihrer Backstube.
3. Miss Martha sah rote und braune Flecken auf seinen Händen.
4. Miss Martha brachte ein Bild in ihre Backstube.
5. Miss Martha dachte oft an ihren Künstler.
6. Der Kunde hörte die Sirene des Feuerwehrautos.
7. Plötzlich hörte Miss Martha wie es an der Tür klingelte.
8. Miss Martha konnte heute ihren wohlgesitteten Kunden nicht erkennen.
9. Der junge Mann erklärte die Situation.
10. Miss Martha ging in ihr Zimmer.

DAS GESCHENK DER WEISEN

Ein Dollar und siebenundachtzig Cent. Das war alles. Und sechzig Cent davon waren in Pennys. Pennys, die sie einzeln **beim Verhandeln** mit dem Lebensmittelhändler, dem Gemüsehändler und dem Metzger gespart hatte. Ihre Wangen waren dabei rot, weil sie sich arm fühlte und schämte. Dreimal zählte Della sie durch. Ein Dollar und siebenundachtzig Cent. Und morgen war Weihnachten.

---

beim Verhandeln - **by negotiating**

Da war einfach nichts weiter zu tun, als sich auf die kleine Couch zu werfen und zu **heulen**. Das tat Della dann auch.

Sie wohnte in einer möblierten Wohnung für acht Dollar die Woche. Sie war nicht gerade **ärmlich,** aber doch nah dran.

Della hörte auf zu weinen und puderte sich die Wangen. Sie stand am Fenster und sah **bedrückt** einer grauen Katze zu, die im grauen Hinterhof einem grauen Zaun entlangschlich. Morgen war Weihnachten, und sie hatte nur einen Dollar und siebenundachtzig Cent, um Jim ein Geschenk zu kaufen. Seit Monaten hatte sie jeden Penny gespart, und das war **das Ergebnis**.

Jim verdiente zwanzig Dollar die Woche, **damit kommt man nicht weit.**

---

heulen – to cry

ärmlich – poor

bedrückt – unhappily

das Ergebnis – result

damit kommt man nicht weit - which does not go far

Die Ausgaben waren größer gewesen, als sie erwartet hatte. Das ist immer so. Gerade ein Dollar siebenundachtzig, um ein Geschenk für Jim zu kaufen. Für ihren Jim. Viele glückliche Stunden hatte sie damit verbracht, sich etwas Hübsches für ihn auszudenken. Etwas Schönes, Seltenes und Gediegenes – **etwas, das beinahe der Ehre würdig gewesen wäre, Jim zum Besitzer zu haben.**

Zwischen den Fenstern des Zimmers hing ein Wandspiegel. Plötzlich wandte sie sich vom Fenster ab und stellte sich vor den Spiegel. Ihre Augen glänzten hell, **aber ihr Gesicht hatte innerhalb von zwanzig Sekunden jede Farbe verloren.** Schnell löste sie ihr Haar und **ließ es in seiner ganzen Länge herabfallen.**

...etwas, das beinahe der Ehre würdig gewesen wäre, Jim zum Besitzer zu haben - ...something close to being worthy of the honor of belonging to Jim

...aber ihr Gesicht hatte innerhalb von zwanzig Sekunden jede Farbe verloren -...but her face had lost its color within twenty seconds

...ließ es in seiner ganzen Länge herabfallen -...let it fall to its full length

Es gab zwei Dinge **im Besitz** der Familie James Dillingham Youngs, **auf die beide großen Stolz setzten.** Das waren Jims goldene Uhr, die vor ihm seinem Vater und seinem Großvater gehört hatte, und Dellas Haar.

Nun **fiel** Dellas schönes Haar **glänzend** wie ein brauner Wasserfall **an ihr herab.**

Es reichte ihr bis unter die Knie und umhüllte sie fast wie ein Gewand. Nervös und hastig **steckte sie es wieder hoch.** Sie stand noch da, **während eine oder zwei Tränen auf den Teppich fielen.**

---

im Besitz – in possession

...auf die beide großen Stolz setzten - ...which they both were proud of

glänzend – shining

...fiel an ihr herab - ...fell down to her side

Es reichte ihr bis unter die Knie und umhüllte sie fast wie ein Gewand. - It reached below her knees and covered her almost like a cape.

...steckte sie es wieder hoch – ...put it up again

...während eine oder zwei Tränen auf den Teppich fielen - ...while a few tears fell on the floor

Dann zog sie sich ihre alte braune Jacke an und setzte ihren alten braunen Hut auf. Mit glänzenden Augen **flatterte sie aus der Tür** und hinaus auf die Straße. Dort blieb sie vor einem Schild stehen, auf dem stand: "Madame Sofronie. An- und Verkauf von Haaren aller Art." Della rannte eine Treppe hoch und war **außer Atem.**

"Wollen Sie mein Haar kaufen?" fragte Della.

"Ich kaufe Haar," sagte Madame. "**Nehmen Sie Ihren Hut ab** und zeigen Sie, was Sie haben."

Die braune schöne Kaskade **floss herab.**

"Zwanzig Dollar", sagte Madame, während sie die Haare in der Hand wog.

"Schnell, geben Sie mir das Geld", sagte Della.

...flatterte sie aus der Tür - ...she danced out the door

außer Atem – out of breath

Nehmen Sie Ihren Hut ab - take your hat off

floss herab – came down

Und die nächsten zwei Stunden **vergingen auf rosigen Schwingen**. Sie **durchstöberte** die Läden nach einem Geschenk für Jim.

Endlich fand sie es. Es war ganz bestimmt nur für Jim gemacht und für niemanden sonst. Es war **eine Uhrkette** aus Platin, schlicht und geschmackvoll. Sie war perfekt für Jims goldene Uhr. **Sobald** Della sie sah, wusste sie, dass sie Jim gehören musste.

Sie war wie er. **Vornehmheit und Wert** – diese Beschreibung traf auf beide zu. Sie gab dem **Ladenbesitzer** einundzwanzig Dollar und mit den siebenundachtzig Cent **eilte** sie nach Hause zurück.

Die Uhr war prächtig, aber manchmal schaute Jim

...vergingen auf rosigen Schwingen - ...went by as if they had wings

durchstöbern – to comb through

eine Uhrkette - chain

sobald - as soon as

Vornehmheit und Wert - quiet and with great value

der Ladenbesitzer – shopkeeper

eilen – to hurry

nur verstohlen darauf wegen des alten Lederriemens, den er an Stelle einer Kette benutzte. Als Della wieder zu Hause war, **begann sie das, was von ihrem Haar geblieben war, zu reparieren.** Die Haare wurden **durch ihre Liebe** ruiniert **und durch ihren Wunsch**, ein spezielles Geschenk zu machen. **Den Schaden zu beseitigen war eine enorme Arbeit.**

Nach vierzig Minuten war ihr Kopf mit niedlichen, enganliegenden Löckchen bedeckt, **die sie wunderbar aussehen ließen wie einen Schuljungen.** Lange, sorgfältig und kritisch betrachtete sie sich im Spiegel.

...begann sie das, was von ihrem Haar geblieben ist, zu reparieren - ...she began to repair what was left of her hair

durch ihre Liebe und ihren Wunsch - by her love and her desire to give a special gift

Den Schaden zu beseitigen war eine enorme Arbeit - Repairing the damage was a huge effort

...die sie wunderbar aussehen ließen wie einen Schuljungen. - ...that made her look wonderfully like a schoolboy

"Wenn Jim mich nicht umbringt", sagte sie zu sich selbst, "bevor er einen zweiten Blick auf mich wirft, so wird er sagen, ich sehe aus wie ein Chormädchen. Aber **was konnte ich tun** – oh! was konnte ich mit einem Dollar und siebenundachtzig Cent tun?"

Um sieben Uhr war der Kaffee fertig und die heiße Bratpfanne stand auf dem Ofen bereit, **die Koteletts aufzunehmen.**

Jim kam nie zu spät. Della nahm die Uhrkette zusammengelegt in der Hand und saß nahe der Tür. Bald hörte sie seine Schritte auf der Treppe unten im ersten Stock, und für einen Augenblick **wurde sie ganz weiß. Sie hatte die Gewohnheit, für die einfachsten Alltagsdinge kleine, stille Gebete zu sprechen**, und so flüsterte sie auch jetzt: "Lieber Gott, mach, dass er mich immer noch hübsch findet!"

---

was konnte ich tun - what could I do

die Koteletts aufzunehmen - to cook the meat

Sie hatte die Gewohnheit, für die einfachsten Alltagsdinge kleine stille Gebete zu sprechen - She had a way of saying a little silent prayer about the simplest everyday things

Die Tür ging auf, und Jim trat ein. Er sah schmal und ernst aus. Armer Kerl, erst zweiundzwanzig – und **musste sich schon um seine Frau sorgen.** Er brauchte einen neuen Mantel und hatte keine Handschuhe.

Bewegungslos blieb Jim an der Tür stehen. Seine Augen waren auf Della gerichtet. In ihnen war ein Ausdruck, den sie nicht deuten konnte und der **sie erschreckte.** Es war weder Zorn noch Überraschung und auch nicht Schrecken oder irgendeines jener Gefühle, auf die sie gefasst war.

Er starrte sie einfach an, **mit jenem sonderbaren Ausdruck** auf seinem Gesicht. Della ging zu ihm.

"Jim, Liebling", rief sie, "sieh mich nicht so an. Ich ließ mein Haar abschneiden und verkaufte es, weil ich es nicht ertragen konnte, zu Weihnachten kein Geschenk für dich zu haben. Es wird wieder nach-

---

...**musste schon um seine Frau sorgen** - ...he had to care for a wife

...**sie erschreckte** - ...it frightened her

mit jenem sonderbaren Ausdruck - with a strange expression

wachsen – du bist nicht böse, nicht wahr? Ich musste es einfach tun. Meine Haare wachsen ja unheimlich schnell. Sag ‚Frohe Weihnachten!', Jim, und lass uns fröhlich sein. Du weißt ja gar nicht, was für ein nettes – was für ein schönes, hübsches Geschenk ich für dich habe."

"Du hast deine Haare abschneiden lassen?" fragte Jim mühsam.

"Abgeschnitten und verkauft", sagte Della. "Hast du mich jetzt nicht mehr so lieb? Ich bin doch immer noch ich, auch ohne meine Haare, nicht wahr?"

Jim sah sich forschend im Zimmer um.

"Du sagst, dein Haar ist fort?" fragte er mit fast idiotischem Ausdruck.

"Du brauchst nicht danach zu suchen", sagte Della. "Es ist verkauft, sag ich dir, verkauft und fort. Wir haben **Heiligabend**. Sei lieb zu mir, ich hab' es für dich getan.

---

der Heiligabend – Christmas Eve

Vielleicht waren die Haare auf meinem Kopf
gezählt", fuhr sie fort mit unvermittelter
ernsthafter Zärtlichkeit, "aber niemand könnte
jemals meine Liebe zu dir zählen. Soll ich jetzt die
Koteletts aufsetzen, Jim?"

Schnell erwachte Jim aus seiner **Benommenheit**. Er
umarmte Della. Jim zog ein Päckchen aus seiner
Manteltasche und warf es auf den Tisch.

"Versteh mich bloß nicht falsch, Dell", sagte er. "Ich
glaube, **kein Haareschneiden konnte mich dazu
bringen, mein Mädchen weniger zu lieben**. Aber
wenn du dieses Päckchen aufmachst, wirst du

**Vielleicht waren die Haare auf meinem Kopf gezählt -
Maybe the hairs of my head were numbered**

**...fuhr sie fort mit unvermittelter ernsthafter
Zärtlichkeit - ...She went on with sudden serious
sweetness**

die Benommenheit – stupor

**...kein Haareschneiden konnte mich dazu bringen,
mein Mädchen weniger zu lieben - ...any haircut that
could make me like my girl any less**

sehen, **warum du mich erst mal erschreckt hattest."**

Weiße, flinke Finger zogen an Schnur und Papier.
Und dann ein entzückter Freudenschrei und danach – leider! – ein blitzartiger weiblicher Wechsel zu hysterischen **Tränen und Klagen.**

Denn vor ihr lagen die Kämme – die ganze Garnitur von Kämmen, die Della schon so lange in einem Schaufenster am Broadway bewundert hatte. Wunderschöne Kämme **aus echtem Schildpatt, mit juwelenbesetzten Rändern** – genau von der Farbe, die zu dem verschwundenen Haar gepasst hätte.

Es waren teure Kämme, das wusste sie, und

...warum du mich erst mal erschreckt hattest – ...why you had me frightened at first

Weiße flinke Finger zogen an Schnur und Papier - White fingers quickly tore at the string and paper

Tränen und Klagen - tears and cries

aus echtem Schildpatt, mit juwelenbesetzten Rändern - made of shells, with jewels at the edge

ihr Herz hatte sie voller Sehnsucht begehrt, ohne darauf zu hoffen, sie jemals zu besitzen. Und jetzt gehörten sie ihr, aber die Locken waren weg.

Sie drückte sie fest ans Herz und endlich **war sie in der Lage, mit einem Lächeln zu ihm aufzublicken.**

Sie sagte: "Meine Haare wachsen schnell, Jim!"

Und dann **sprang** Della **wie eine angesengte kleine Katze** und rief: "Oh, oh!"

Jim hatte sein schönes Geschenk noch gar nicht gesehen. Eifrig hielt sie es ihm auf offener Hand entgegen. Die wertvolle Uhrkette schien glänzend.

"Ist sie nicht toll, Jim? Ich bin durch die ganze Stadt gerannt, bis ich sie gefunden habe. Du musst jetzt hundertmal am Tag nach der Zeit sehen. Gib mir

---

...ihr Herz hatte sie voller Sehnsucht begehrt, ohne darauf zu hoffen, sie jemals zu besitzen - ...her heart had wanted them without ever hoping to have them

...war sie in der Lage, mit einem Lächeln zu ihm aufzublicken - ...she was able to look up with a smile

...sprang wie eine angesengte kleine Katze - ...jumped up like a little burned cat

deine Uhr. **Ich möchte sehen, wie sie sich daran macht.**"

Anstatt zu gehorchen, ließ sich Jim auf die Couch fallen, faltete die Hände hinter dem Kopf und lächelte.

"Dell," sagte er, "lass uns unsere Weihnachtsgeschenke wegpacken und **eine Weile aufheben.** Sie sind zu schön, um sie jetzt gleich zu benutzen. Ich habe die Uhr verkauft, um das Geld für deine Kämme zu bekommen. Und jetzt glaube ich, wäre es Zeit, die Koteletts aufs Feuer zu stellen."

Ich möchte sehen, wie sie sich daran macht -I want to see how it looks on it

anstatt zu gehorchen – instead of obeying

eine Weile aufheben - keep them a while

ÜBUNGEN

Leseverstehen

1. Beantworten Sie folgende Fragen.

1. Wie viele Personen werden in dieser Geschichte erwähnt?
2. Wie heißen sie, und was machen sie beruflich?
3. Aus welcher Perspektive wird die Geschichte erzählt?
4. Was hat diese Geschichte mit Weihnachten zu tun?
5. In welcher Zeit wurde die Geschichte geschrieben?
6. Wieviel Geld hatte Della am Anfang?
7. Wieviel kostet die Wohnung von Jim und Della?
8. Wieviel Geld hat Della für ihre Haare bekommen?
9. Was hat Della Jim geschenkt?
10. Was hat Jim Della geschenkt?
11. Warum war Jim so von Dellas Geschenk schockiert?
12. Was war Dellas größte Angst, nachdem sie ihre Haare geschnitten hatte?
13. Woher hat Jim das Geld für das Geschenk?

2. Sind die Aussagen richtig oder falsch?
Korrigieren Sie die falschen.

1. Della musste sparen, um zum Friseur gehen zu können.
2. Della und Jim sind nur gute Freunde.
3. Dellas Haare fielen wie ein Wasserfall.
4. Della und Jim sind arm.
5. Della und Jim besitzen nichts, was ihnen wertvoll ist.
6. Della konnte schlussendlich zu Hause genug Geld für das Geschenk sammeln.
7. Della schenkte Jim eine Uhr.
8. Jim hatte kein Geschenk für Della.
9. Jim war überglücklich über sein Geschenk.

3. Ordnen Sie die Sätze in die richtige Reihenfolge.

1. Sie zog sich ihre alte braune Jacke an und setzte sich ihren alten braunen Hut auf.
2. Und jetzt wäre es nett, wenn du das Fleisch aufsetzen könntest.
3. Sie wohnte in einer möblierten Wohnung für acht Dollar die Woche.
4. Jim hatte noch gar nicht ihr schönes Geschenk gesehen.
5. Sie durchstöberte die Geschäfte nach einem Geschenk für Jim.

6. Die Tür ging auf und Jim trat ein.
7. Ich habe die Uhr verkauft, um Geld für die Kämme zu haben.
8. Die Haare wurden ruiniert durch ihre Liebe und ihren Wunsch, ein spezielles Geschenk zu machen.
9. Vor ihr lagen die Kämme – ein Satz von Kämmen.

4. Was können Sie über folgende Personen erzählen:

- Jim
- Della

Wortschatz- und Grammatikübungen

1.Was bedeuten die Wörter in Kursivschrift?

1. Pennys, die sie Stück für Stück *beim Verhandeln* gespart hatte.
2. Della hörte auf zu weinen und *puderte* sich die Wangen.
3. Die *Ausgaben* waren höher gewesen, als sie erwartet hatte.
4. Schnell *löste* sie ihr Haar.

5. Die Uhr war *großartig*.

6. Er *starrte* sie einfach nur *an*.

2. Beenden Sie die Sätze.

1. Della und Jim wollten einander ein Geschenk machen, weil …

2. Della musste in Geschäften verhandeln, weil …

3. Della ging zu Madame Sofronie, weil …

4. Della wollte Jim eine Uhrenkette schenken, weil …

5. Jim hatte für Della Kämme gekauft, weil …

6. Jim stand benommen in der Tür, weil …

7. Della und Jim legten ihre Geschenke beiseite, weil …

Sprechen

1. Beweisen Sie folgende Punkte. Finden Sie Information im Text.

1. Della musste sparen.

2. Della hatte wunderschöne Haare.

3. Jim hatte eine schöne Uhr.

4. Es war Weihnachtszeit.

5. Della hat ihre Haare schneiden lassen.

6. Della hat ein Geschenk für Jim gekauft.
7. Della hatte Angst, dass sie Jim jetzt nicht gefällt.
8. Jim hat für Della ein Geschenk gekauft.
9. Jim war überrascht.

2. Erzählen Sie.

1. Wie gefällt Ihnen die Geschichte?
2. Was können Sie über dieses junge Paar sagen?

DER GRAF UND DER HOCHZEITSGAST

Andy Donovan war **Pensionsgast** bei Mrs. Scotts **Pension.**

---

der Pensionsgast – boarder

die Pension - boarding house

An einem Abend kam er zum Essen, und Mrs. Scott **machte ihn mit ihrer neuen Pensionsgästin**, einer jungen Frau namens Miss Conway **bekannt.** Miss Conway war klein. Sie trug ein einfaches braunes Kleid. Nach der Begrüßung sprach sie nicht mit Mr. Donovan. Sie saß und schaute auf ihren Teller. Mr. Donovan vergaß Miss Conway **fast sofort.**

Zwei Wochen später saß Andy **auf den Vorderstufen** der Pension und rauchte eine Zigarre. Plötzlich kam jemand hinaus. **Er drehte sich um, und es verschlug ihm die Sprache.**

Miss Conway kam aus der Tür. Sie trug ein schönes schwarzes Kleid und einen passenden schwarzen Hut. Auch ihre Schuhe und Handschuhe waren schwarz. Ihr üppiges goldenes Haar und ihre großen grauen Augen machten sie fast schön.

...**machte ihn mit ihrer neuen Pensionsgästin bekannt** – ...introduced him to a new boarder

fast sofort – almost at once

auf den Vorderstufen – on the front steps

Er drehte sich und es verschlug ihm die Sprache. – He turned his head and was speechless.

Sie stand einfach da, blickte über die Häuser und quer über die Straße in den Himmel hinauf.

Ihre Augen waren traurig. Alles in schwarz und dieser traurige **abwesende Blick** und goldenes Haar **scheinend unter dem schwarzen Schleier ...**

Mr. Donovan **warf** seine **halb gerauchte Zigarre weg.**

„Es ist ein schöner, klarer Abend, Miss Conway," sagte er.

„Ja," antwortete Miss Conway, „aber nicht für mich, Mr. Donovan."

Sie stand einfach da, blickte über die Häuser und quer über die Straße in den Himmel hinauf. - she stood looking above the houses across the street up into the sky.

der abwesende Blick - far-away look

...scheinend unter dem schwarzen Schleier – ...shining under the black veil

...warf weg - ...threw away

halb gerauchte Zigarre – unfinished cigar

„Ich hoffe, niemand von ihrer Familie ist …" sagte Andy.

Miss Conway schwieg. Endlich sagte sie:

„Nicht meine Familie. Der Tod hat jemanden von mir genommen, der sehr, sehr wichtig für mich war… Jetzt bin ich allein in der Welt. Und ich habe keine Freunde in dieser Stadt."

Andy Donovan stellte keine weiteren Fragen und **ihr Gespräch verebbte.**

Je mehr Andy an Miss Conway dachte, **desto mehr tat sie ihm leid.** Er sagte ihr einmal am Tisch:

„Es ist schwer, allein in New-York zu sein. **Sie sollten manchmal ausgehen, um ihre Sorgen zu vergessen.** Wollen Sie einen Spaziergang im Park

---

…ihr Gespräch verebbte – …their conversation subsided

Je mehr…, desto mehr tat sie ihm leid – the more …the more he was sorry for her

Sie sollten manchmal ausgehen, um ihre Sorge zu vergessen. – You should go out sometimes to forget your sorrows.

machen, Miss Conway? **Wenn Sie mir erlauben ...“**

„Vielen Dank, Mr. Donovan,“ sagte Miss Conway, **„Ich würde mich sehr über Ihre Gesellschaft freuen.** Sie sind sehr nett.“

Während des Spaziergangs im Park erzählte Miss Conway Andy ihre traurige Geschichte.

„Sein Name war Fernando Mazzini und er war ein italienischer Graf. Er hatte viel Land und eine Villa in Italien. Wir wollten nächsten Frühling heiraten. Fernando fuhr nach Italien, um seine Villa für uns vorzubereiten. Nachdem er fort war, kam ich nach New York, um einen Job zu finden. Vor drei Tagen bekam ich einen Brief aus Italien. Dort stand, dass Fernando tot ist. Er wurde **bei einem Gondelunfall** getötet. Deshalb trage ich Schwarz. Deshalb bin ich immer traurig.

...wenn Sie mir erlauben – ...if you permit

Ich würde mich über Ihre Gesellschaft freuen. – I shall be very glad to have your company.

bei einem Gondelunfall – in a gondola accident

Ich kann mich nicht für jemanden interessieren.
Wenn Sie zurück nach Hause gehen wollen, Mr.
Donovan, lassen Sie uns gehen."

Andy Donovan wollte nicht zurück nach Hause.

„Es tut mir leid," sagte er sanft. „Nein, wir gehen
nicht zurück nach Hause, nicht jetzt. Und sagen Sie
nicht, dass Sie keine Freunde in der Stadt haben.
Sie müssen mir glauben, dass ich Ihr Freund bin."

„Ich habe ein kleines Foto von ihm," sagte Miss
Conway. Ich habe es niemals jemandem gezeigt.
Aber ich zeige es Ihnen, Mr. Donovan, weil ich
glaube, daß Sie mein Freund sind.

Mr. Donovan betrachtete das Foto mit großem
Interesse lange Zeit. Das Gesicht vom Graf Mazzini
war sehr interessant. Es war das kluge Gesicht
eines starken Mannes.

„Ich habe ein größeres Foto von ihm in meinem
Zimmer," sagte Miss Conway. „Wenn wir nach
Hause zurückkommen, zeige ich es Ihnen.

**Ich kann mich nicht für jemanden interessieren. – I
cannot take an interest in anybody.**

Ich schaue vielmals am Tag darauf. Er wird immer in meinem Herzen sein."

Als sie in die Halle des Pensionshauses kamen, lief sie hinauf in ihr Zimmer und brachte ein großes Foto des verstorbenen Mannes.

„Ein schön aussehender Mann," sagte Donovan. „Mir gefällt sein Gesicht. Miss Conway, kann ich Sie bitten, nächsten Samstag mit mir ins Theater zu gehen?"

Einen Monat später erzählten sie Mrs. Scott, dass sie vorhatten, zu heiraten. Dennoch trug sie weiter Schwarz.

An einem Abend saßen Mr. Donovan und Miss Conway im Park. Es war eine feine klare Nacht. Der Mond schien hell auf grünen Blättern.

Alles um sie herum war sehr schön. Aber Donovan war **schweigsam**. Er war so still den ganzen Tag, sodass Miss Conway sich entschloss, ihm schließlich eine Frage zu stellen.

Alles um sie herum – everything around them

schweigsam – silent

„Was ist los, Andy?"

„Nichts, Maggie."

„Aber Sie haben früher nie so unglücklich ausgesehen. Was ist?"

„Es ist gar nichts , Maggie."

„Ich will es wissen, Andy. Ich bin sicher, Sie denken an ein anderes Mädchen. Gut, warum gehen Sie nicht zu ihr, wenn Sie sie lieben? Nehmen Sie Ihren Arm weg, bitte!"

„Gut, ich erzähle es Ihnen," sagte Andy. „Ich habe einen Freund. Sein Name ist Mike Sullivan. Kennen Sie ihn?"

„Nein, tue ich nicht," sagte Maggie. „Und ich möchte ihn nicht kennen, falls Sie **seinetwegen** so unglücklich sind."

„Er ist ein guter Freund, Maggie," **setzte** Andy **fort**.

---

seinetwegen – because of him

fortsetzen – to continue

Ich sah ihn gestern und sagte ihm, **ich hätte vor, in zwei Wochen zu heiraten.** ‚Andy', sagte er, ‚Ich möchte bei deiner Hochzeit dabei sein. Schick mir eine Einladung und ich komme.'"

„Gut, warum lädst du ihn nicht ein, wenn er so sehr kommen will?" fragte Maggie.

„Es gibt einen Grund warum ich ihn nicht einladen kann," sagte Andy **betrübt**. „Es gibt einen Grund, warum er nicht bei unserer Hochzeit dabei sein soll. Stellen Sie keine weiteren Fragen an mich, weil ich sie nicht beantworten kann."

„Sie müssen. Sie müssen mir alles erzählen," sagte Maggie.

„Schon gut," antwortete Andy. „Maggie, lieben Sie mich genauso sehr, wie sie Ihren … Ihren Grafen Mazzini geliebt haben?"

…ich hätte vor, in zwei Wochen zu heiraten – …I was going to get married in two weeks

betrübt – sadly

Er wartete lange Zeit, aber Maggie antwortete nicht. Plötzlich drehte sie sich zu ihm und begann zu weinen.

„Aber, aber, aber," wiederholte Andy. „Was ist jetzt los?"

„Andy," sagte Maggie endlich, „Ich habe Sie angelogen. Sie werden mich niemals heiraten. Sie werden mich nie mehr lieben. Aber ich spüre, dass ich Ihnen alles erzählen muß. Andy, es gab keinen Grafen in meinem Leben. Es gab niemanden, der mich in meinem ganzen Leben geliebt hat. Alle anderen Mädchen sprachen immer über Liebe und Heirat. Aber niemand liebte mich. Niemand wollte mich heiraten. So erdachte ich schließlich einen Plan. Ich ging zum Fotografen und kaufte dieses große Foto, das ich Ihnen gezeigt habe. Er machte auch ein kleines Foto für mich.

Dann habe ich **diese Geschichte über den Grafen und über den Gondelunfall erfunden**, damit ich

---

…diese Geschichte über den Grafen und über den Gondelunfall erfunden – …made up that story about the count und the gondola accident

Schwarz tragen konnte. Ich sah gut in Schwarz aus und Sie wissen das. Aber niemand kann eine Lügnerin lieben. Und Sie werden mich jetzt verlassen, Andy, und ich werde **vor Scham sterben.** Sie sind der einzige Mann, den ich in meinem Leben liebte. Das ist alles."

Aber anstatt sie zu verlassen, umarmte sie Andy und schaute ihr ins Gesicht. Sie blickte auf und sah wie glücklich er war.

„Können Sie ... können Sie das vergessen, Andy?" fragte sie.

„Natürlich kann ich," sagte Andy. „Ich bin froh, dass Sie mir alles erzählt haben, Maggie."

Sie schwiegen einige Zeit. Dann sagte Maggie:

„Andy, haben Sie die ganze Geschichte über den Grafen geglaubt?"

„Gut, nicht alles davon," sagte Andy, „denn das Foto, das Sie mir gezeigt haben, ist das Foto meines Freundes Mike Sullivan."

---

vor Scham sterben – to die of shame

ÜBUNGEN

Leseverstehen

1. Beantworten Sie folgende Fragen.

1. Wie viele Personen gibt es in dieser Geschichte? Wer sind sie?
2. Wie heißen sie?
3. Wo finden die Ereignisse statt?
4. Wie sieht Miss Conway aus?
5. Warum trägt Miss Conway schwarze Kleidung?
6. Wie verbringen Miss Conway und Andy Donovan die Zeit zusammen?
7. Was erzählt Miss Conway Andy während des Spaziergangs?
8. Warum hat Miss Conway gelogen?
9. Was macht Andy, als er die Wahrheit erfährt?

2. Sind die Aussagen richtig oder falsch? Korrigieren Sie die falschen.

1. Die Geschichte findet in einer Pension in Italien statt.
2. Die Pension gehörte Andy Donovan.
3. Miss Conway war zusammen mit Fernando Mazzini in der Pension.

4. Miss Conway trug schwarze Kleidung, weil sie in Schwarz sehr schön ausgesehen hat.
5. Miss Conway und Andy spazierten sehr oft im Park.
6. Miss Conway war mit Fernando Mazzini verheiratet.
7. Als sie beschlossen haben zu heiraten, erzählte Miss Conway ihre traurige Geschichte.
8. Andy erkannte seinen Freund in dem Foto und war bestürzt.
9. Miss Conway war eine Lügnerin.
10. Andy hat Miss Conway verziehen, weil er sie liebte.
11. Andy und Miss Conway haben Fernando Mazzini zu ihrer Hochzeit eingeladen.

3. Finden Sie die passende Antwort. Mehrere Aussagen können richtig sein.

1. Das Pensionshaus gehörte	a. Andy Donovan b. Fernando Mazzini c. Mrs. Scott
2. Nach der Vorstellung	a. schenkte Andy Miss Conway nicht viel Aufmerksamkeit. b. folgte Andy Miss Conway überall hin. c. ging mit Miss Conway spazieren.
3. Miss Conway trug schwarze Kleidung, weil	a. schwarz eine gute Farbe für sie war. b. sie jemanden verloren hat, der ihr viel bedeutete. c. sie nichts anderes zum Tragen hatte.
4. Miss Conway erzählte Andy ihre traurige Geschichte während	a. des Spaziergangs im Park. b. des Abendessens. c. sie auf der Veranda des Pensionshauses

standen.

5. Miss Conway ist nach New- York gekommen, um

a. zu heiraten.

b. einen Job zu bekommen.

c. einen Freund zu finden.

6. Fernando Mazzini war

a. ein Freund von Andy Donovan.

b. ein Freund von Miss Conway.

c. ein italienischer Graf.

7. Andy betrachtete das Foto

a. ohne Interesse.

b. mit großem Interesse.

c. mit Neugier.

8. Nach einem Monat beschlossen Andy und Miss Conway

a. nach Italien zu gehen

b. zu heiraten.

c. New-York zu verlassen.

9. Andy sah unglücklich aus, weil

a. er an ein anderes Mädchen dachte

b. er der Geschichte von Miss Conway nicht glaubte.

c. er die Wahrheit

	wissen wollte.
10. Miss Conway begann zu weinen, weil	a. Andy die Wahrheit wusste.
	b. es keinen Grafen in ihrem Leben gab.
	c. sie in Andys Augen keine Lügnerin sein wollte.
11. Mike Sullivan war	a. Ein Freund von Andy.
	b. Ein Freund von Mrs. Scott.
	c. Ein Freund von Miss Conway

4. Ordnen Sie die Sätze in der richtigen Reihenfolge an.

1. Sie erzählte ihm eine traurige Geschichte.
2. Andy Donovan blieb in der Pension von Mrs. Scott.
3. Nach zwei Wochen merkte Andy, wie schön Miss Conway ausgesehen hatte.
4. Sie tat ihm leid und er lud sie zum Spaziergang ein.
5. Einmal wurde er dem neuen Pensionsgast namens Miss Conway vorgestellt.

6. Nach einem Monat beschlossen Andy und Miss Conway zu heiraten.

7. Miss Conway begann zu weinen und gestand, dass sie die Geschichte über den Grafen Mazzini erfunden hatte.

8. Sie war ganz in Schwarz gekleidet und er dachte jemand in ihrer Familie sei gestorben.

9. Andy erzählte Miss Conway, dass sein Freund zu ihrer Hochzeit kommen wolle.

10. Als sie nach Hause zurückkehrten, zeigte Miss Conway Andy ein Foto des gutaussehenden Mannes.

11. Andy erzählte Miss Conway, dass auf dem gezeigten Foto sein Freund war.

12. Aber Andy konnte seinen Freund nicht zu ihrer Hochzeit einladen.

5. Was können Sie über folgende Personen erzählen:

- Miss Conway
- Andy Donovan
- Fernando Mazzini

Wortschatz-und Grammatikübungen

1. Was bedeuten die Wörter in Kursivschrift?

1. Andy und Miss Conway waren *Pensionsgäste* in Mrs. Scotts *Pension*.

2. Sie trug einen schwarzen Hut mit schwarzem *Schleier*.

3. Es war das Foto eines *schön aussehenden* Mannes.

4. Sie sagte, dass sie *gelogen hatte*.

5. Niemand kann einen *Lügner* lieben.

6. Miss Conway sagte, sie würde *sich über seine Gesellschaft freuen*.

2. Setzen Sie bitte die Verben in Klammern in die richtige Form.

Der neue Pensionsgast (sein) eine kleine und einfache Frau und er (vergessen) sie sofort. Aber einmal (sehen) er sie in der schönen schwarzen Kleidung und er (drehen) seinen Kopf nach ihr. Sie (tun) ihm leid. Er (einladen) sie zu einem Spaziergang in den Park. Sie (sagen), sie (planen) bald zu heiraten, aber ihr Geliebter (getötet sein) in einem Unfall und sie (sein) allein auf der ganzen Welt. Andy (versichern) ihr, dass sie nicht allein (sein), er (sein) ihr Freund. Miss Conway (erfinden) diese Geschichte damit sie schwarz tragen (können). Schwarz (sein) ist eine schöne Farbe für sie. Sie (sagen) niemand (lieben) sie, niemand (wollen) sie heiraten. Aber sie (wollen) geliebt werden und heiraten. Sie (sagen) er (sein) der einzige Mann sie (lieben). Aber jetzt hat sie Angst, dass er sie (verlassen) und sie vor Scham (sterben).

Sprechen

1. Erzählen Sie:

1. Warum hat Andy Donovan nach der Vorstellung sofort Miss Conway vergessen?
2. Warum drehte er seinen Kopf nach Miss Conway, als er sie aus der Tür kommen sah?
3. Warum tat Andy Donovan Miss Conway leid?
4. Warum lud Andy sie zum Spaziergang in den Park ein?
5. Warum zeigte Miss Conway Andy ein Foto?
6. Warum betrachtete Andy das Foto mit großem Interesse und eine lange Zeit?
7. Warum trug Miss Conway weiterhin schwarze Kleidung als sie und Andy beschlossen haben zu heiraten?

8. Warum konnte Andy seinen Freund nicht zur Hochzeit einladen?
9. Warum begann Miss Conway zu weinen?
10. Warum hat Miss Conway diese Geschichte erfunden?

2. Beweisen Sie:

1. Miss Conway war einsam.
2. Andy Donovan war ein gutherziger Mann.
3. Andy und Miss Conway liebten einander.

3. Erzählen Sie mehr zu folgenden Punkten:

1. Er drehte sich um, und es verschlug ihm die Sprache.
2. Miss Conway erzählte Andy ihre traurige Geschichte.
3. Andy blickte auf das Foto.
4. Andy war den ganzen Tag still, so dass Miss Conway beschloss ihn zu fragen.
5. Andy fragte Miss Conway, ob sie ihn genauso liebte wie sie Fernando Mazzini geliebt hatte.

6. Es gab niemanden in ihrem Leben, der sie liebte.

4. Äußern Sie bitte Ihre Meinung:

1. Hat Miss Conway ihre Geschichte erfunden, um Andys Aufmerksamkeit auf sich zu lenken oder aus anderen Gründen? Was denken Sie darüber?
2. Wusste Andy die Wahrheit von Anfang an oder hat er es erst später verstanden? Was denken Sie darüber?
3. Was denken Sie über ihre Hochzeit? Wo hatten Andy und Miss Conway sie gefeiert: in der Pension, in einem schönen Restaurant oder woanders?

DIE KLÜGERE FRAU

Lou und Nancy waren Freundinnen. Sie kamen nach New York, um Arbeit zu suchen, denn bei ihnen zu Hause gab es nicht genug zu essen. Nancy war neunzehn. Lou war zwanzig. Beide waren sehr hübsch. Lou fand in einer **Handwäscherei** eine Stelle als **Büglerin**.

---

die Handwäscherei – laundry

die Büglerin - ironer

Nancy begann als ein **Ladenmädchen** zu arbeiten.

Nach sechs Monaten ihres Lebens in der großen Stadt lernte Lou einen jungen Mann namens Dan kennen. Sie wurden gute Freunde. **In Wirklichkeit verliebten sie sich ineinander. Sie gingen zusammen mehrmals in der Woche aus.**

„Ist dir nicht kalt, Nancy?" fragte Lou eines Abends. Die beiden standen an einer Ecke und warteten auf Dan. „**Du tust mir leid.** Warum arbeitest du in diesem blöden Laden für acht Dollar in der Woche? Ich habe vorige Woche 18,50 Dollar verdient.

---

die Handwäscherei – laundry

die Büglerin - ironer

das Ladenmädchen – sales-girl

In Wirklichkeit verliebten sie sich ineinander. – In fact they fell in love with each other.

Sie gingen zusammen mehrmals in der Woche aus. – They went out together several times a week.

Du tust mir leid. -I feel sorry for you.

Natürlich ist Bügeln nicht so schick wie Handschuhe **hinter einer Theke** zu verkaufen, **aber es lohnt sich.** Keine von uns Büglerinnen verdient weniger als zehn Dollar die Woche. Ich mag meine Arbeit."

„Und ich mag meine", sagte Nancy, „auch wenn ich meine acht Dollar in der Woche verdiene. Ich hab' gern schöne Sachen und feine Leute um mich. Eins der Mädchen hat einen **Stahlmanager** aus Pittsburgh geheiratet. **Der war eine Million schwer.**

Ich angle mir nächstens auch einen Millionär.

Wer sieht denn schon ein Mädchen in der Wäscherei?"

----

hinter einer Theke - at a sales counter

aber es lohnt sich - but it pays

der Stahlmanager – steel maker

Der war eine Million schwer. – He makes a lot of money.

Ich angle mir nächstens auch einen Millionär. – I'll catch a millionaire some day, too.

„Na, hör mal, da hab' ich doch Dan kennengelernt", sagte Lou. „er holte sein Sonntagshemd mit dem Kragen ab und sah mich bügeln. Später erzählte er, ihm seien meine Arme aufgefallen, wie rund und weiß die gewesen waren. In die Wäscherei kommen oft nette Männer. Natürlich, wenn du unbedingt Hunger leiden willst, um fein zu sein, dann bitte!"

Aber in diesem Augenblick kam Dan – ein ernster junger Mann. Er war Elektriker, der dreißig Dollar in der Woche verdiente. Es war klar, daß er in Lou verliebt war. Er betrachtete sie mit den traurigen Augen eines Romeo.

„Mein Freund, Mr. Owens – darf ich dir Miss Danforth vorstellen?" sagte Lou.

„Freut mich sehr, Sie kennenzulernen, Miss Danforth", sagte Dan und streckte ihr seine Hand hin. „Lou hat schon so oft von Ihnen erzählt."

„Danke", sagte Nancy und nahm seine Hand, „Sie hat auch schon so oft von Ihnen erzählt."

„Ich habe Tickets für ein Variete", sagte Dan. „Wollen wir hingehen?"

Alle drei brachen auf, um eine schöne Zeit zusammen zu verbringen.

***

Nancy hatte keine männlichen Freunde. Niemand wartete auf sie nach der Arbeit. Einige der Ladenmädchen **machten Witze**, dass sie wartete, **um einen Millionär zu fangen.**

Zwei der Mädchen, die mit Nancy arbeiteten, hatten ein paar „schicke Bekannte". Einmal wurde Nancy zusammen mit ihnen zum Essen eingeladen. Das Essen fand in einem eleganten Café statt.

Einer von diesen Herren war ohne ein einziges Haar auf dem Kopf -, der andere trug diamantenbesetzte Manschettenknöpfe und ihm gefielen weder das Essen noch der Wein.

Alle drei brachen auf, um eine schöne Zeit zusammen zu verbringen. -The three of them started out to have a good time together.

machten Witze – joked

…um einen Millionär zu fangen – …to catch a millionaire

Am nächsten Tag erschien er im Laden und machte Nancy einen Heiratsantrag. Nancy **lehnte ab**. Als er gegangen war, sagte ein Mädchen aus dem Laden zu Nancy:

„**Was bist du für eine schreckliche kleine Närrin!** **Der Bursche** ist ein Millionär — er ist ein Neffe des alten Van Skittle persönlich. Bist du verrückt, Nancy? Was willst du eigentlich?

Willst du eine Mormonin werden und Rockefeller und den König von Spanien heiraten?"

„Es war nicht nur das Geld", sagte Nancy. „Ich mag ihn nicht, und damit ist die Sache erledigt. Ja, ich möchte einen reichen Mann heiraten, das ist wahr. Aber ich will ihn auch mögen!"

Lou arbeitete weiter in der Wäscherei. Von den 18,50 Dollar in der Woche bezahlte sie sechs **für Kost und Logis.** Der Rest ging hauptsächlich für

---

lehnte ab - refused

Was bist du für eine schreckliche kleine Närrin! – What a terrible fool you are!

der Bursche – fellow

für Kost und Logis – for room and board

Kleider drauf. Manchmal gefielen Dan Lous Kleider nicht, **sie waren zu auffällig**, dachte er, und **geschmacklos.**

Dan und Lou fragten Nancy immer wieder, ob sie sie beim Ausgehen begleiten und eine schöne Zeit zusammen mit ihnen verbringen wollte.

Dan spricht immer davon, dass wir bald heiraten sollten", sagte Lou einmal zu Nancy. „**Aber warum eigentlich?** Ich bin unabhängig. Ich kann mit dem Geld, das ich verdiene, tun, was ich will. Und wenn ich Dan heirate, würde er niemals damit einverstanden sein, dass ich weiterarbeite. Nancy, was sind deine Pläne für die Zukunft? **Hast du deinen Millionär schon an der Leine?**"

„Ich habe noch keinen gewählt", antwortete Nancy. „Ich sehe sie mir erst mal an".

---

sie waren zu auffällig – they were too showy

geschmacklos – with bad taste

Aber warum eigentlich? – But why should I?

Hast du deinen Millionär schon an der Leine? – have you caught your millionaire yet?

„Aber du machst natürlich Spaß – für Millionäre kommen Mädchen, die arbeiten wie wir, gar nicht in Frage."

Nancy fuhr fort zu arbeiten. Sie beobachtete und studierte reiche Männer und Frauen, die in den Laden kamen. Sie hoffte eines Tages einen Mann zu finden, den sie heiraten konnte.

So hielt sie ihre Lampe geputzt und mit Öl gefüllt, um den Bräutigam zu empfangen, wenn er käme.

***

An einem Donnerstagabend verließ Nancy den Laden und **eilte auf die Wäscherei zu.** Sie sollte mit Lou und Dan ein musikalisches Lustspiel besuchen.

Als sie die Wäscherei erreichte, trat Dan gerade aus

So hielt sie ihre Lampe geputzt und mit Öl gefüllt, um den Bräutigam zu empfangen, wenn er käme. – So she kept her lamp trimmed and burning to receive her groom when he arrived.

…eilte auf die Wäscherei zu – …walked over to the laundry

der Tür. **Auf seinem Gesicht lag ein fremder, gespannter Ausdruck.**

„Ich bin vorbeigekommen, weil ich fragen wollte, **ob man was von ihr gehört hat**", sagte er.

„Von wem gehört hat?" fragte Nancy. „Ist Lou denn nicht da?"

„**Ich dachte, du wüßtest es**", sagte Dan. „Sie ist seit Montag **weder hier noch zu Hause** gewesen. Sie hat alle ihre Sachen von dort weggeholt. Sie hat einem der Mädchen in der Wäscherei gesagt, sie ginge vielleicht nach Europa."

„Hat denn niemand sie gesehen?" fragte Nancy.

Auf seinem Gesicht lag ein fremder, gespannter Ausdruck. – There was a strange nervous look on his face.

ob man was von ihr gehört hat – whether they had heard from her

Ich dachte, du wüßtest es – I thought you knew it

weder hier noch zu Hause – here or at home

Dan sah sie an. In seinen grauen Augen lag **ein stählerner Glanz.**

„In der Wäscherei hat man mir erzählt", sagte er, „dass sie gestern vorbeigefahren sei – in einem Automobil. Wahrscheinlich mit einem der Millionäre, über die ihr beide gesprochen habt".

Zum ersten Mal in ihrem Leben wusste Nancy nicht, was sie sagen sollte. Sie legte ihre Hand auf Dans Arm und sagte:

„So etwas darfst du mir nicht sagen, Dan. **Ich habe nichts damit zu tun**".

„So habe ich's doch nicht gemeint", sagte Dan.

„Ich habe die Karten für die Vorstellung heute Abend", sagte er **mit einem Versuch zur Munterkeit.** „Wenn du –"

―――――――――――

ein stählerner Glanz – a hard glance

Ich habe nichts damit zu tun. – I have nothing to do with it.

mit einem Versuch zur Munterkeit - with an attempt to good mood

„Ich gehe mit dir, Dan", sagte sie.

***

Es vergingen drei Monate, bis Nancy Lou wiedersah.

Eines Abends eilte sie vom Geschäft nach Hause.

Sie hörte sich beim Namen rufen, **fuhr herum und sah Lou, die sich ihr in die Arme stürzte.**

In diesem Augenblick bemerkte Nancy, dass Lou reich war. Sie war sehr gut gekleidet und trug blitzende Juwelen. „**Du kleine Närrin**", rief Lou laut und herzlich. „Ich sehe, du arbeitest immer noch in deinem Warenhaus. Wie war das doch mit dem großen **Fang**. Mir scheint, da hat sich noch nichts getan?"

_____

...fuhr herum und sah Lou, die sich ihr in die Arme stürzte. – ...turned around and saw Lou who caught her in her arms

Du kleine Närrin – you little fool

der Fang - catch

Aber beim zweiten Blick bemerkte Lou, dass Nancy **etwas Besseres als Reichtum hatte, etwas, das in ihren Augen heller leuchtete als Edelsteine, das ihre Wangen röter machte als eine Rose.**

Das Glück!

„Ja – ich bin noch im Geschäft", sagte Nancy, „aber nächste Woche höre ich auf zu arbeiten. **Ich habe meinen Fang gemacht** – den besten Fang der Welt. Ich werde Dan heiraten – Dan – er ist jetzt mein Dan."

Ein Polizist kam um die Ecke des Parks und sah zwei junge Frauen. Eine Frau in einem teuren Pelzmantel mit diamantengeschmückten Händen

---

etwas Besseres als Reichtum hatte, etwas, das in ihren Augen heller leuchtete als Edelsteine, das ihre Wangen röter machte als eine Rose – had something better then money, something that shone brighter then stars in her eyes, something that was redder then a rose in her cheeks

Ich habe meinen Fang gemacht – I've made my catch

schluchzte wild. Die andere, ein schlankes Ladenmädchen **in schlichten Kleidern**, versuchte sie zu **trösten**. Der Polizist ging vorbei. Er wusste, dass man in solchen Fällen nicht helfen konnte.

---

schluchzte wild - sobbed wildly

in schlichten Kleidern – simply dressed

trösten – to console

ÜBUNGEN

Leseverstehen

1. Beantworten Sie folgende Fragen.

1. Wie viele Personen gibt es in dieser Geschichte? Wer sind sie?
2. Wie heißen sie?
3. Wo finden die Ereignisse statt?
4. Warum sind die Mädchen nach New York gekommen?
5. Wie alt sind die Mädchen?
6. Wo arbeiten sie?
7. Wer verdiente mehr: Nancy oder Lou?
8. Wer ist Dan?
9. Wie haben sich Dan und Lou kennengelernt?
10. Wie viel verdient Dan?
11. Wie verbringen Dan und Lou die Zeit zusammen?
12. Was für ein Männertyp hat Nancy einen Heiratsantrag gemacht? Wie hat sie reagiert?
13. Welchen Männertyp wollte Nancy heiraten?
14. Wie hat Lou ihr verdientes Geld ausgegeben?
15. Was gefiel Dan an Lou manchmal nicht?

16. Wie verbrachte Nancy ihre Freizeit?
17. Wie hat sich Dan an einem Abend gefühlt und warum?
18. Wann sind die Freundinnen einander begegnet?
19. Was sagte über Lou, dass sie jetzt reich war?
20. Was sagte Lou, dass Nancy glücklich war?
21. Welchen Fang hat Nancy gemacht?
22. Was ist mit Lou? Warum weinte sie?

2. Wer:

1. kam nach New York, um Geld zu verdienen?
2. war neunzehn?
3. war zwanzig?
4. arbeitete in der Wäscherei?
5. war ein Ladenmädchen?
6. verdiente acht Dollar in der Woche?
7. zahlte sechs Dollar für Kost und Logis?
8. verliebte sich ineinander?
9. hat einen Stahlmanager aus Pittsburgh geheiratet?
10. hoffte, eines Tages einen Millionär zu heiraten?
11. war Elektriker?

12. hat Nancy in ein elegantes Café zum Abendessen eingeladen?
13. hat Nancy einen Heiratsantrag gemacht?
14. wollte nicht nur das Geld des Millionärs haben?
15. trug gerne grelle Farben?
16. hat Dan verlassen?
17. traf sich zwei Monate später?
18. ist in dieser Zeit reich geworden?
19. ist in dieser Zeit glücklich geworden?

3. Sind die Aussagen richtig oder falsch? Korrigieren Sie die falschen.

1. Lou und Nancy waren Schwestern.
2. Lou und Nancy kamen nach New York, weil sie Millionäre heiraten wollten.
3. Nancy gefiel ihre Arbeit nicht, weil sie wenig verdiente.
4. Dan verliebte sich auf den ersten Blick in Lou.
5. Dan war ein reicher Mann.
6. Nancy sagte oft, dass sie einen Millionär fangen möchte, aber sie meinte nicht nur das Geld.
7. Obwohl Lou Dan liebte, wollte sie ihn nicht heiraten.

8. An einem Tag hat Lou Dan verlassen.

9. Dan war nicht traurig, dass Lou aus seinem Leben verschwunden war.

10. Nach zwei Monaten hat der Millionär Lou verlassen.

11. Lou kehrte zu Dan zurück.

12. Nancy hat endlich einen Millionär geheiratet.

4. Ordnen Sie die Sätze in der richtigen Reihenfolge an.

1. Nancy hat oft die Zeit zusammen mit Dan und Lou verbracht.

2. Lou und Dan verliebten sich ineinander und gingen mehrmals in der Woche aus.

3. Das machte Dan unglücklich.

4. Obwohl Lou mit Dan ausging, wollte sie ihn nicht heiraten.

5. Lou und Nancy begegneten einander drei Monate später.

6. Nancy hatte etwas Besseres als Geld - sie hatte Glück.

7. Der Polizist konnte der weinenden Frau nicht helfen.

8. Lou und Nancy kamen nach New York, um Arbeit zu suchen.

9. Eine Freundin fand Arbeit in einer Wäscherei, die andere – in einem Laden.
10. An einem Tag verschwand Lou.
11. Dan tat Nancy leid und sie ging mit ihm ins Theater.
12. Lou trug Diamantenringe und war teuer angezogen.
13. Nancy hatte keine männlichen Freunde.
14. Lou und Nancy hofften, irgendwann einen Millionär zu "angeln".

Wortschatzübungen

1. Ergänzen Sie die Sätze.

Fang, fuhr herum und sah, weggeholt, Heiratsantrag, Arbeit zu suchen, sich ineinander verliebten, Büglerin, eilte,

1. Lou und Nancy kamen nach New-York, um …
2. Lou fand eine Stelle in einer Handwäscherei als …
3. Lou und Dan verbrachten viel Zeit miteinander, weil sie …
4. Nach der Arbeit …. sie in die Wäscherei, um Lou zu treffen.

5. Er machte Nancy einen …
6. Lou hat alle ihre Sachen von dort …
7. Nancy hörte sich beim Namen rufen, …….
   Lou, die sich ihr in die Arme stürzte.
8. Ich habe meinen Fang gemacht.

2. Was bedeuten die Wörter in Kursivschrift?

1. Ich hab' gern schöne Sachen und *feine* Leute um mich.
2. Von den 18,50 Dollar in der Woche bezahlte sie sechs Dollar für *Kost und Logis*.
3. Nancy *fuhr fort* zu arbeiten.
4. Dan und Lou fragten Nancy immer sie beim Ausgehen zu *begleiten*.
5. Ich habe meinen *Fang* gemacht.

Sprechen

1. Erzählen Sie:

1. Warum kamen Nancy und Lou nach New York?
2. Warum kritisierte Lou Nancys Arbeit?
3. Warum liebte Nancy ihre Arbeit?
4. Warum war es klar, dass Dan in Lou verliebt war?
5. Warum hatte Nancy keine männlichen Freunde?
6. Warum hat Nancy den Heiratsantrag von einem reichen Mann abgelehnt?
7. Warum haben Ladenmädchen über Nancy gelacht?
8. Warum wollte Lou Dan nicht heiraten?
9. Warum sah Dan nervös aus an einem Abend?
10. Warum hat Lou Dan verlassen?
11. Warum weinte Lou drei Monate später?
12. Warum sah Nancy glücklich aus?

2. Beweisen Sie:

1. Lou und Nancy waren Freundinnen.
2. Lou und Nancy waren verschieden.
3. Einen Millionär zu „angeln" bedeutet nicht unbedingt Glück zu finden.

4. Nancy hat ihren Fang gemacht.

3. Erzählen Sie mehr dazu:

1. Lou und Nancy wohnten in New York seit sechs Monaten.
2. Nancy hat ihren großen Fang noch nicht gemacht.
3. Nancy arbeitete in einem Laden und verkaufte Handschuhe.
4. Lou arbeitete in einer Wäscherei.
5. Lou war seit Montag nicht zu Hause.
6. Drei Monate vergingen.
7. Ein Ladenmädchen lud Nancy zum Abendessen mit ihren Freunden ein.
8. Der Polizist sah zwei junge Frauen.
9. Nancy hat ihren größten Fang gemacht.
10. Als Nancy die Wäscherei erreichte, trat Dan gerade aus der Tür.

4. Was denken Sie?

1. Erzählen Sie über Nancy. Was denken Sie über sie? Was mag sie? Was gefällt ihr nicht? Hat sie eine richtige Entscheidung getroffen? Was denken sie über ihr zukünftiges Leben mit Dan?

2. Was denken Sie über Lou? Was gefällt Ihnen und was nicht an Lou? Können Sie sich ihr Leben vorstellen?

3. Wird Dan glücklich mit Nancy sein? Was gefällt oder gefällt Ihnen nicht an Dan?

4. Vergleichen Sie die Gehälter von Lou, Nancy und Dan mit arbeitenden jungen Menschen von heute. Lou konnte zwei Drittel ihres Gehaltes für Kleidung ausgeben. Wie ist es heute: Ist das heute günstiger oder teurer?

5. Wie haben Lou und Nancy ihre Freizeit verbracht? Wir verbringen jungen Frauen die Zeit heute? Welche Ähnlichkeiten oder Unterschiede gibt es?

RESOURCES

O. Henry: Meistererzählungen, Diogenes Verlag Zürich, 1991.

О. Генри: Рассказы. Английский клуб, Москва Айрис-Пресс, 2019.

Bilder:

William Henry Margetson Tutt'Art, „The morning walk"

Piere-Auguste Renoir, „Young Girl Combing Her Hair"

Lev Samoilovich Bakst, „The Supper"

https://lithub.com/wp-content/uploads/2017/06/vintage-bread-illustration.jpg

Ivana Kobilca, „Ironing women"

Impressum und Haftungsausschluss

Andere Bücher zum Thema Deutschunterricht und Deutsch lernen

75 einfache Spiele ohne viel Vorbereitung für den Deutschkurs: Deutsch als Fremdsprache lernen. Teil 1.

Katja Sonnheim

Über 60 Spiele mit wenig Aufwand für den Deutschkurs: Deutsch als Fremdsprache lernen. Teil 2.

Katja Sonnheim